Nicht gut genug

Die 24 Schwächen der türkischen Fußballnationalelf

Davut Çöl

Impressum

Lektorat, Korrektorat: Stefanie Barthold

Covergestaltung: Marcel Fenske-Pogrzeba

Illustration: Valeriy Sokol-Derksen

Copyright © 2015 Davut Çöl

Verlag: tredition GmbH, Hamburg

ISBN 978-3-7323-3912-9 (Paperback)

ISBN 978-3-7323-3914-3 (e-Book)

Inhaltsverzeichnis

Einleitung

Fußball ist nicht kompliziert

Fast jeder hat schon mal gekickt und weiß, worum es dabei geht. Elf Spieler einer Mannschaft spielen gegen elf Spieler einer anderen Mannschaft und versuchen, das runde Leder ins eckige Tor zu schießen. Das klingt einfach? Ist es auch. Fußball ist keine komplizierte Sportart.

Warum sind es dann immer die anderen Mannschaften, die zu großen Turnieren fahren? Und warum müssen die Türken in Vorbereitungsphasen immer als Sparringspartner herhalten, anstatt sich selbst die Gegner auszusuchen? Diese Situation wurmt viele Menschen auf der Welt. Sie alle stellen sich die gleiche Frage: Wie kann es der türkische Fußball schaffen, sich endlich zu verbessern?

Die Türkei spielt einen Fußball, der nicht auf Kreativität aufbaut, der langsam ist, keine Überraschungen enthält und damit für jeden Gegner leicht auszurechnen ist. Das Ergebnis ist bekannt. Die Mannschaft gewinnt kaum Spiele. In ihrer aktuellen Form ist die türkische Elf einfach nicht gut genug. Deshalb sitzt sie zu Recht zu Hause, während andere zu Europa- und Weltmeisterschaften fahren.

Liebe Fans, das muss nicht so bleiben. Die türkischen Spieler müssen ihre vielen Fehler abstellen. Diese zu erkennen, ist schon mal ein großer Schritt. Denn bisher verschließt man sich den eigenen Unzulänglichkeiten. Schuld sind immer die anderen, der Schiedsrichter oder einfach das Lospech. An die eigene Nase will man sich in der Türkei jedoch nicht fassen.

Da hilft es auch nicht, andauernd neue Trainer ins Land zu holen. Das Spiel der Türken wird dadurch nicht besser. Woran es hapert und was wirklich helfen würde, werden wir uns auf den kommenden Seiten ansehen. Für jede Schwäche der Mannschaft gibt es eine Erklärung und einen konkreten Verbesserungsvorschlag. Lassen Sie uns gemeinsam einen Blick auf alle grundlegenden Probleme im Spiel der Türkei werfen.

Welche Schwächen hat der türkische Fußball?

Wenn etwas im Fußball nicht rund läuft, dann gibt es dafür einen Grund. Zum Beispiel rollt ein Ball nicht ordentlich, weil er zu wenig Luft hat. Ein Spieler hat keinen richtigen Halt, weil seine Stollen abgenutzt sind. Ein Fußballer kann seine optimale Leistung nicht abrufen, weil er auf der falschen Position spielt. Diese Beispiele verdeutlichen, dass jedes Problem eine Ursache hat und dass somit auch Möglichkeiten existieren, es zu lösen.

Ebenso verhält es sich mit der Frage, warum sich das türkische Spiel einfach nicht verbessern will. Die schwachen Leistungen der Nationalelf sind nicht plötzlich über die Mannschaft gekommen, sondern haben einen tieferen Grund. Nicht der aktuelle Kader ist der Knackpunkt, sondern die türkische Fußballphilosophie im Allgemeinen. Schon seit Jahrzehnten hält das Land an seinem altbekannten Spielsystem fest, und darin liegt das eigentliche Problem.

Frühere Generationen von Fußballern haben ihre Spielweise vermutlich an die jüngeren Mitspieler weitergegeben. Das gilt offenbar auch für die Trainer, die sich hinsichtlich spieltechnischer und -taktischer Maßnahmen an ihren Vorgängern orientiert haben. Damit bleibt im türkischen Fußball alles beim Alten, und abgesehen von ein paar Lichtblicken wird nichts besser.

Fans in aller Welt fragen sich, warum sich der türkische Fußball nicht zum Positiven entwickelt und welche Perspektive er überhaupt hat. Wenn es doch für jedes Problem eine Ursache gibt, wieso ändert dann niemand etwas?

Der Rückpass zum Torwart

Schwäche 1 – Der Rückpass zum Torwart

Fangen wir mit dem Torwart an. Der steht im türkischen Fußball viel zu häufig im Fokus, und das ist gar nicht so gut. Damit ist nicht gemeint, dass er zu viele Tore verhindern muss, sondern dass er zu oft aus dem eigenen Mittelfeld und aus der Abwehr heraus angespielt wird. Aber gut, immer der Reihe nach.

Eine Unart im türkischen Fußball ist das Passen des Balles zum Torwart. Oftmals von der Mittellinie oder in Ausnahmefällen sogar nach einem Eckball am gegnerischen Strafraum gelangt der Ball schnell zum türkischen Schlussmann. Das ist zwar kaum zu glauben, entspricht aber der Realität. Schauen Sie sich ein Spiel der türkischen Elf an. Sie werden Ihren Augen nicht trauen.

Bei eigenem Ballbesitz ohne Not zum Torwart zu passen, ist ein Fehler. Das haben die türkischen Spieler bisher nicht begriffen. Ein solcher Pass ist bezeichnend für eine Schwäche im Spielaufbau. In der Regel weiß der ballführende Spieler nicht, wohin mit der Kugel, und ihm fällt nichts Besseres ein, als den Torwart anzuspielen.

Hier stimmen gleich zwei Grundvoraussetzungen nicht. Zum einen sind die Mitspieler im Mittelfeld nicht anspielbar. Läuft sich da etwa jemand nicht frei? Bieten sich die zentralen Spieler an, um den Ball aus der Abwehr zu erhalten und damit einen Spielaufbau überhaupt erst zu ermöglichen? Hier kommt das grundlegende Problem im türkischen Fußball zum Tragen: Es laufen zu wenige Spieler in die freien Räume. Dadurch haben die Abwehrspieler keine Anspielstationen.

Jetzt könnte man meinen, die Abwehrspieler treffe keine Schuld. Sie haben eben keine Anspielstationen und müssen deshalb das runde Leder zum Torwart spielen. Das ist zwar in der Sache richtig, leider aber kurzfristig gedacht, denn: Die türkischen Spieler gewöhnen sich an die bequemen Rückpässe. Sie mühen sich gar nicht mehr, einen Spielzug ohne ihren Schlussmann aufzubauen. Mittel- bis langfristig sind die Folgen enorm, da sich das türkische Spiel auf diese Art nicht verbessert. Im Gegenteil.

Die Konsequenz eines Passes zum Torwart ist folgende: Der Ball rollt in den „Sechzehner" und bringt den Torwart in Zugzwang. Naheliegend ist ein Weiterschieben des Balles an einen Mitspieler, und wenn sich keine freie Anspielstation ergibt, dann wird der Torwart das Leder weit und hoch in die gegnerische Hälfte dreschen. Die Wahrscheinlichkeit, dass dieser Ball bei einem türkischen Spieler landet, ist erwiesenermaßen sehr gering. Und sobald der Gegner in Ballbesitz ist, hat er die Möglichkeit, die türkische Mannschaft seinerseits unter Druck zu setzen.

Lösung: Der Torwart ist kein Feldspieler-Ersatz. Es ist nicht seine Aufgabe, die Ideenlosigkeit seiner Vordermänner auszubügeln. Deshalb sollte für türkische Feldspieler das Zurückpassen des Balles zum eigenen Schlussmann tabu sein. Das heißt nicht, dass man sich unnötig in Gefahr bringen soll – in der Not bleibt dem Spieler nichts anderes übrig. Aber der Rückpass zum Torwart darf keine leichte Möglichkeit sein, sich der Verantwortung für das Aufbauspiel zu entziehen. Genau das machen die türkischen Fußballer nämlich oft und gern. Trainerstab und Mitspieler müssen verinnerlichen, dass das Einbeziehen des Torwarts keine Option ist.

Niemand läuft sich frei

Schwäche 2 – Niemand läuft sich frei

Aber wenn kein Spieler zum Anspielen vorhanden ist, dann muss der Ball zum Torwart gespielt werden, oder etwa nicht? Das ist eine Grundsatzfrage nach dem Henne-Ei-Prinzip. Was kam zuerst? Würden die türkischen Spieler sich freilaufen, gäbe es auch Anspielstationen, und der Ball müsste seltener zum Torwart gespielt werden.

Dass niemand für den anderen mitläuft, ist wohl das größte Problem des türkischen Fußballs. Diese Bereitschaft ist aber ein elementarer Grundstein des Fußballspielens. Solange nicht in die Freiräume gelaufen wird, solange sich Mitspieler nicht genug bewegen, wird der ballbesitzende Spieler niemanden anspielen können. Jeder, der schon mal Fußball gespielt hat, weiß das. Entweder man versucht dann ein Dribbling und riskiert einen Ballverlust, oder man weiß sich nicht anders zu helfen als mit einem Pass zum Torwart (siehe Schwäche 1).

In den freien Raum zu laufen ist wichtig. Die Mitspieler müssen sich anbieten und anspielbar sein. Was bedeutet das für das Spiel ohne Ball? Dass man oftmals umsonst läuft. Man läuft los, wenn der Mitspieler den Ball hat, damit man selbst als möglicher Anspielpartner in Betracht kommt. Wohin der Ball dann schlussendlich gespielt wird, entscheidet der ballführende Spieler. Man selbst weiß im Moment des Freilaufens nicht, ob das eigene Engagement belohnt wird. Das heißt, man läuft umsonst, wenn man den Ball nicht erhält. Das kommt in acht von zehn Fällen vor, also recht häufig.

Im Idealfall müssten die meisten türkischen Spieler in Bewegung sein. Die Mehrheit von ihnen wird den Ball allerdings nicht bekommen und denkt sich dann: „Ich bin x-mal umsonst gerannt, das mache ich nicht noch einmal." Natürlich ist eine solche Denkweise ein komplett falscher Ansatz. Jeder Fußballer, der die Grundlagen des disziplinierten Spiels verinnerlicht hat, greift sich an den Kopf. Wer so denkt, hat die Regeln seines Sports nicht kapiert. Ich habe die Sorge, dass das im türkischen Fußball der Fall ist. Denn der Leerlauf, die Bewegung ohne Ball, fehlt komplett.

Lösung: Die türkischen Spieler müssen von Grund auf lernen, dass das Spiel ohne Ball noch wichtiger ist als das Spiel mit dem runden Leder. Das ist im

Fußball so. Da helfen auch die schönsten technischen Fertigkeiten nicht. Nach all den Jahren müssten die Verantwortlichen im türkischen Fußball endlich verstanden haben, dass Disziplin wichtig ist. Ein genialer Pass, so wie man sie bei den Superstars der Branche immer wieder sieht, kann nur dann gespielt werden, wenn sich die Mitspieler zuvor in eine freie Position bewegt haben, in der sie den Ball auch annehmen können. Klingt einfach. Ist es auch. Deshalb spielen immer die anderen Teams oben mit. Leider weigern sich die türkischen Nationalspieler bisher konsequent, etwas an ihrer Spielweise zu ändern.

Wer über weitere Strecken der Partie hinter seinem Gegenspieler steht, der braucht sich nicht darüber zu wundern, dass das Spiel nicht fließend ist und wenige Überraschungsmomente zu bieten hat. So aber läuft das im türkischen Fußball. Die Spieler stehen meist. Stehende Spieler sind leicht zu decken. Was bleibt, ist dann der Querpass, der natürlich zu keinem Raumgewinn führt, sondern für Langeweile und Ideenlosigkeit steht (siehe Schwäche 3). Das erhöht zwar den Ballbesitz (siehe Schwäche 4), der Nutzen einer solchen Spielweise ist aber gleich null.

Querpässe führen zu nichts

Schwäche 3 – Querpässe führen zu nichts

Wenn die türkische Mannschaft den Ball nicht in die Tiefe spielen kann, da sich niemand freiläuft (siehe Schwäche 2), dann bleibt nur der Pass in die Breite. Das ist eine natürliche Folge dieser Spielweise, weil der Aufbau nicht konstruktiv ist. Im Normalfall ist Querspielen eine Notlösung, im türkischen Spiel ist es die Regel. Das darf nicht sein.

Als Querspielen bezeichnet man das Hin- und Herschieben des Balles parallel zur Mittellinie. Das Spiel fließt demnach nicht von einem Tor zum anderen, sondern eben in die Spielfeldbreite. Oft erfolgen Querpässe auf Höhe der Mittellinie. Manchmal sind lediglich die Abwehrspieler involviert, mitunter bietet sich auch ein Mittelfeldspieler für einen Doppelpass an.

Das Besondere an dieser Spielweise: Man kann den Ball mit etwas Geschick minutenlang hin und her schieben und erreicht damit sogar einen hohen Wert in der Ballbesitzstatistik (siehe Schwäche 4), aber man gewinnt keinen einzigen Zentimeter Raum. Wer so spielt, kommt nicht vorwärts. Er stört den Gegner nicht einmal. Ganz im Gegenteil: Die Gegenspieler haben eine Menge Zeit, sich in Stellung zu bringen und die türkischen Spieler zu attackieren.

Diese unspektakuläre Art, den Ball in den eigenen Reihen zu halten, wäre nicht der Rede wert, aber die türkische Mannschaft praktiziert sie eben viel zu häufig. Manchmal ist dieses an Langeweile schwerlich zu überbietende Prozedere kaum aus-zuhalten, sodass man als Fan geneigt ist, aus sei-nem Sitz aufzuspringen und den Ball selbst nach vorne zu tragen. Ja, es ist tatsächlich so schlimm.

Wer das (Aufbau-)Spiel der Türken verfolgt, der sieht, dass der Ball einfach nicht signifikant in des Gegners Hälfte vordringt. Die Spieler schauen sich auf Höhe der Mittellinie an und schieben sich den Ball zu. Auf den Zuschauer machen sie einen ängstlichen und ideenlosen Eindruck. Sie wissen nicht, wohin mit dem Ball. Niemand scheint in der Spitze anspielbar zu sein. Da also der Weg nach vorne versperrt ist, gibt man die Kugel und die Verantwortung an den Nebenmann weiter.

Der Haken daran: Der ballführende Spieler gerät unter Druck, weil er selbstverständlich nicht ausgerechnet derjenige sein möchte, der den Fehl-pass spielt. Wie verhält er sich also? Er entscheidet sich für den sicheren Pass zu seinem Nachbarn. So kann das endlos weitergehen.

Man könnte vielleicht verteidigend einräumen, dass ein starker Gegner mitunter keine andere Spielweise zulässt. Ja, das stimmt, aber bei der türkischen Elf ist diese Spielweise der Normalzustand, und zwar seit vielen Jahren schon. Das „Aufbauspiel" ist nahezu unverändert. Man spielt, wie man es kennt. Es kommt nicht zu einer Bewusstseinsänderung.

Lösung: Die Türken müssen das Spiel in die Tiefe üben. Sie müssen Mitspieler haben, die in die freien Räume laufen (siehe auch Schwäche 2) und sich damit anspielbar machen. Wenn die Mitspieler dauernd in Bewegung sind, wird es auch der Gegner irgendwann schwer haben, diese Spieler zu bewachen. Mit der Bewegung im Spiel ist es wie beim Boxen. Wer sich nicht bewegt, der hat schon verloren. Im Fußball muss man arbeiten. Leider ist das erforderliche Laufpensum in der türkischen Mannschaft nicht anzutreffen. Dabei wäre es zwingend notwendig, damit sich am türkischen Spiel etwas ändern kann. Erst wenn die Spieler sich durch intensivere Lauffreude Freiräume schaffen und damit anspielbar werden, dann erst werden die Ballführenden auch vermehrt in die Tiefe spielen können, damit den Gegner überraschen und Chancen herausspielen.

Ballbesitz ist nur eine Zahl

Schwäche 4 – Ballbesitz ist nur eine Zahl

Es wirkt vieles planlos, was die Türken so zusammenspielen. Die Fans können davon ein Lied singen. Aber worin sind denn die türkischen Fußballer nun gut? Die Antwort ist ebenso beeindruckend wie erschreckend. Es ist die hohe Ballbesitzquote. Die meisten Experten machen sich nichts aus diesem Wert, doch in der Türkei freut man sich darüber.

Früher, als es im Fußball noch keine elektronischen Hilfsmittel gab, existierten auch viel weniger Statistiken. Heute gibt es für fast alles eine Zahl. Dokumentiert werden gespielte Pässe, angekommene Pässe, die Anzahl der Schüsse aufs Tor oder gar die Laufwege. Eine besonders oft herangezogene Statistik ist der Wert zum Ballbesitz.

Eine Mannschaft kann 60 Prozent Ballbesitz haben und trotzdem ein Spiel verlieren. Das ist gar nicht so unüblich. Die meisten türkischen Fans, Reporter, Medien und Verantwortlichen freuen sich riesig über viel Ballbesitz. Für sie ist ein hoher Wert ein Zeichen von Dominanz und Überlegenheit. Dabei vergessen sie aber offensichtlich, worum es beim Fußball eigentlich geht: um das Erzielen und Verhindern von Toren. Alles andere sind Randerscheinungen von geringem Wert. Eben nur Statistiken.

Wie kommt die türkische Mannschaft überhaupt zu einem hohen Ballbesitz, und wie macht sich das im Spiel bemerkbar? Die Spielweise der Nationalelf ist nicht für Pässe in die Tiefe und damit verbundenen Raumgewinn ausgelegt. Auch lange Bälle in die Spitze sind eher selten das Mittel der Wahl. Stattdessen erfreuen sich die Spieler des Ballbesitzes.

Die türkischen Kommentatoren werden dabei nicht müde zu betonen, dass die türkischen Spieler den Ball haben, dass die Abwehrspieler ihn sich zuspielen, ebenso wie die Akteure im Mittelfeld. Dabei werden mit Inbrunst die Namen sämtlicher Spieler aufgesagt, die gerade am Ball sind, und das, obwohl sie ihn doch sofort wieder an den Passgebenden zurückspielen. Wer hin und wieder ein türkisches Fußballspiel im Originalton verfolgt, wird wissen, wovon ich spreche. Und genau daran merkt man, dass sich die türkische (Fußball-)Kultur an den falschen Dingen orientiert.

Die Mannschaft hat also häufig den Ball. Und was macht sie aus diesem Vorteil? Nichts. Für das türkische Spiel hat der Ballbesitz kaum einen Mehrwert, da man ihn nicht in einen sinnvollen Spielaufbau investiert. Genau das sollte eine hohe Ballbesitzquote aber möglich machen.

Für die Türken ist der Ballbesitz eher von Nachteil. Sie vergeuden mit den vielen Querpässen wertvolle Zeit und machen auf diese Weise ihre Hilflosigkeit umso deutlicher. Die Fans sehen all das zitternd mit an, jederzeit fest damit rechnend, dass der Ball verloren geht und der Gegner wieder zum Zug kommt. Um erfolgreich Fußball zu spielen, kommt es nicht in erster Linie auf die Häufigkeit des Ballbesitzes an.

Lösung: Die lähmende Querspielerei und die Einfallslosigkeit im Aufbauspiel sind die Gründe, warum die Türken den Ball einfach nicht gefährlich in die gegnerische Spielhälfte bringen. Sie können mit dieser Spielweise keinerlei Druck ausüben. Wer den Ball besitzt, muss die Fähigkeit haben, das Spiel zu bestimmen. Er kann den Gegner laufen lassen, mit einem unerwarteten Pass überraschen oder auf einem anderen Weg einen Vorteil aus dem Umstand ziehen, dass er in Besitz des Objekts der Begierde ist. So sollte es sein. Ob in einem Spiel eine Mannschaft statistisch besser war oder nicht, ist irrelevant. Beim Fußball zählen nur Tore und Ergebnisse. Es ist an der Zeit, dass auch die Fußballfans und die Spieler in der Türkei aufhören, sich von Zahlen blenden zu lassen.

Das unnötige Anlaufen des Torwarts

Schwäche 5 – Das unnötige Anlaufen des Torwarts

Für die türkischen Fans ist es anstrengend und beinahe mit körperlichen Schmerzen verbunden, all das mitansehen zu müssen und nichts daran ändern zu können. Ein Fußballfan, dessen Herz für die türkische Nationalmannschaft schlägt, hat es wahrlich schwer. Er kann oftmals nur den Kopf schütteln, manchmal wird er fluchen und gelegentlich resignieren. Nur ausrichten kann er nichts. Das tut weh.

Bisher wurden die Schwächen in Abwehr und Mittelfeld abgesprochen. Aber was ist mit dem Sturm? Keine Sorge, auch der hat seine Macken. Wirft man einen Blick auf die Offensivabteilung der türkischen Mannschaft, dann fällt eine besondere Unart auf, die mit der Jagd auf Tore wenig zu tun hat: das Bedrängen des gegnerischen Torwarts.

Sobald die gegnerische Mannschaft den Ball zum Torwart spielt, scheint ein unkontrollierbarer Reflex bei den türkischen Stürmern ausgelöst zu werden. Sie rennen los, manchmal sogar vom Mittelkreis aus, um den Torwart unter Druck zu setzen. „Warum nur?", fragt sich da der irritierte Fan.

Es ist völlig unnütz, loszulaufen, um einen Torwart zu attackieren, der gar nicht in Schwierigkeiten gebracht werden kann. Das wäre nämlich die Grundvoraussetzung, sich überhaupt in Bewegung zu setzen. Wenn der Keeper aber Platz und Zeit hat und sich auf die vermeintliche Bedrohung einstellen kann, lohnt der Spurt nicht. Dann passiert, was immer passiert: Entweder nimmt er den Ball in die Hand, oder er drischt ihn nach vorne. In beiden Fällen sind die Bemühungen des Stürmers umsonst gewesen.

Die Kondition eines Spielers ist endlich, trotz Pferdelunge. Jeder hat nur für eine bestimmte Zeit Kraft und Energie und sollte entsprechend sorgsam mit seiner Kondition umgehen. Vor diesem Hintergrund ist jede Art von sinnlosem Aktionismus unverständlich. Ein Löwe rennt auch nicht quer durch die Savanne, um mal zu sehen, ob er zufällig auf Beute stößt.

Dass ein Torwart sich angesichts der Laufattacke tatsächlich mal zu einem Fehler hinreißen lässt, ist sehr selten. Ein Stürmer muss schon an die 20-mal rennen, um einmal die Chance zu haben, dass der Keeper sich beeindrucken lässt. Diese Quote ist dermaßen schlecht, dass kein Fußballer auch nur daran denken sollte. Warum also machen es die türkischen Offensivspieler dennoch? Es ist zum Verzweifeln.

Die Antwort ist ganz einfach. Im Moment des Rückpasses des Gegners zum Torwart hat der Offensivspieler den meisten Freiraum im Spiel. So viel Platz genießt er zu keinem anderen Moment auf dem Spielfeld. Niemand stört ihn. Mit seinem Sprint kann er sich in Szene setzen. Er zeigt den Zuschauern und den Medien: *Seht her, ich bin auch noch da! Und schaut mal, wie schnell und dynamisch ich bin, und wie ich dem Torwart jetzt den Ball abluchsen werde.* Solch ein Verhalten ist nicht nur sinnlos und kindisch, sondern auch äußerst uneffektiv.

Lösung: Es hat keinen Sinn, dass Spieler ihre Kräfte dermaßen sinnlos vergeuden. Jeder Trainer einer türkischen Mannschaft muss dieses Verhalten abstellen bzw. verbieten. Die Spieler sollen nicht loslaufen, wenn der gegnerische Torwart am Ball ist. Stattdessen sollten sie sich Spiele anderer Mannschaften mit Top-Stürmern ansehen. Von denen läuft niemand übermotiviert von der Mittellinie bis zum „Sechzehner", um den gegnerischen Torwart zu irritieren. Es ist Aufgabe des Trainerteams, den Spielern die Sache mit dem Haushalten der Kräfte zu erklären.

Die Kommunikation stimmt nicht

Schwäche 6 – Die Kommunikation
stimmt nicht

Wer als Trainer und als Spieler bei Interviews und Pressekonferenzen den richtigen Ton trifft, der kann seinem Team zu einem Vorteil verhelfen. Es ist erwiesen, dass man mit der richtigen medialen Kommunikation viel gewinnen kann. Die türkischen Vertreter treffen leider nicht oft den richtigen Ton, und deshalb klappt es auch mit der positiven Wirkung nicht so recht. Hier müssen die Mannschaft und der Trainerstab noch üben.

In Pressekonferenzen gilt es auszuloten, wer Akzente setzen kann. Die türkische Seite ist darum bemüht, sich mindestens ebenbürtig zu zeigen und oftmals als besonders stark darzustellen. Dabei würde sie sich keinen Zacken aus der Krone brechen, wenn sie dem Gegner seine Stärken zugesteht. Da ist vollkommen in Ordnung. Es geht nicht darum, den Gegner starkzureden, sondern das Offensichtliche in Worte zu fassen. Der Underdog zu sein, ist keine Schande (vor allem, wenn es alle wissen). Auf diese Weise würde man viel Druck von der eigenen Mannschaft nehmen. Von guter Kommunikation könnte das gesamte Team profitieren.

Ganz anders machen es die gegnerischen Mannschaften. Sie sind sich nicht zu schade, die türkische Elf zu loben. Sie wissen um die Wirkung schmeichelnder Worte wie: „Die Türken haben gute Spieler", oder: „Die Mannschaft ist spielstark". Diese Sätze verfehlen ihre Wirkung in der Türkei nicht, werden schnell von den Medien (siehe Schwäche 23) aufgegriffen und durchs ganze Land getragen. Sofort klopft man sich in der ganzen Nation auf die eigene Schulter, ist man doch jetzt in der geliebten Rolle des „Stärkeren" und kann dem Spiel entspannt entgegenblicken. Die Folge: Man unterschätzt den Gegner. Das rächt sich immer. Trotzdem kam es in der Türkei bisher nicht zu einem Sinneswandel.

Die türkischen Fans – besonders diejenigen, die außerhalb der Türkei leben und eine andere kulturelle Erziehung genossen haben – sind es leid, vor jedem Spiel die gleichen Töne zu hören. Man habe sich auf das nächste Spiel eingeschworen und sei von einem Sieg überzeugt. Da kann man nur tief seufzen.

Lösung: Die richtige Kommunikation ist nicht nur im Leben wichtig, sondern auch im Fußball. Um erfolgreich zu sein, müssen sich die türkischen Spieler, Trainer und Medien einen anderen Ton angewöhnen. Sie müssen demütig sein und den Gegner mit mehr Respekt behandeln. Dazu gehört auch, zu wissen, wann man der Underdog ist. Es ist gar nicht so schwer, das zuzugeben. Auf mentaler Ebene muss die türkische Mannschaft unbedingt an sich arbeiten. Wären die türkischen Teams tatsächlich so gut, wie sie sich oft vor wichtigen Spielen geben, dann hätten sie diese Spiele auch gewonnen. Haben sie aber nicht. Das muss zum Nachdenken anregen.

Unkonzentrierte Anfangsphase

Schwäche 7 – Unkonzentrierte Anfangsphase

Dann kommt der große Tag. Das entscheidende Spiel in einer Qualifikationsrunde steht an. Die Fans sind bereit, ihr Team zu unterstützen. Sie sind vielleicht schon Stunden vor Spielbeginn im Stadion und wollen ihren Spielern nun mit allem, was sie haben, beistehen. Denn die Ausgangslage ist kritisch, bei einer Niederlage scheidet die Türkei aus. Vor dem Anstoß wurde das ganze Land durch emotionale Berichte der Medien in Stimmung gebracht. Es geht bekanntlich um alles oder nichts. Die Menschen wollen den Sieg. Mit dieser Erwartungshaltung gehen die Spieler in die Partie, und nicht jeder kommt mit diesem Druck klar.

Gäbe es eine Statistik darüber, welche Mannschaft in den ersten Minuten eines internationalen Spiels am häufigsten ein Gegentor kassiert, dann wäre die Türkei mit Sicherheit ganz weit vorne. Man mag kaum glauben, wie oft türkische Teams in den ersten Minuten vor lauter Unkonzentriertheit (oder Nervosität) in Rückstand geraten.

Als Fan hat man es in solchen Situationen besonders schwer. Man fiebert mit der eigenen Mannschaft, wünscht sich ein tolles Spiel und muss gleich zu Beginn einen herben Rückschlag einstecken. Noch bevor fünf Minuten gespielt wurden, steht es 1:0 für den Gegner. Das muss doch nicht sein!

Kann die Nationalmannschaft denn nicht mal ein Spiel ordentlich beginnen und vermeiden, dass die Fans schon nach wenigen Minuten Schweißausbrüche bekommen? Muss sich die türkische Elf gleich in Schwierigkeiten bringen? Muss sie damit ihre Ausgangslage gleich zu Spielbeginn verschlechtern? Nein, das muss sie nicht. Und doch ist es das, was die Fans immer wieder erleben müssen.

Türkische Mannschaften neigen zu Übertreibung. Entweder sie stehen so sehr unter Druck, dass sie vor lauter Nervosität gleich zu Anfang diverse Flüchtigkeitsfehler machen, oder sie spielen überheblich und nehmen den Gegner nicht ernst. Schwupps, fängt man sich ein Gegentor ein. Beides ist schlecht.

Lösung: Beim Fußball ist die mentale Verfassung ebenso wichtig wie die körperliche. Die Konzentration vor dem Spiel und besonders in den ersten

Minuten ist das Ergebnis einer ausgeglichenen Psyche. Daher ist es besonders wichtig, dass die türkischen Spieler sich nicht gehen lassen, sich nicht von der Euphorie der Nation anstacheln lassen, sondern ein Spiel bereits von der ersten Minute an ernst nehmen. Üblicherweise will man es den Zuschauern recht machen, man will sich ins Zeug legen und unbedingt gewinnen. Das führt zu Unkonzentriertheit und zu Fehlern. Ist die Ursache der enorme Druck, den es ohne Zweifel gibt, dann muss der Trainerstab an seiner Kommunikation arbeiten (siehe Schwäche 6), oder das Team muss lernen, mit schweren Situationen umzugehen.

Die Unfähigkeit, ein Spiel zu drehen

Schwäche 8 – Die Unfähigkeit, ein Spiel zu drehen

Hätten die türkischen Fans einen Wunsch frei, dann ginge der ungefähr so: Die Mannschaft gerät in Rückstand, gibt sich aber nicht auf, kämpft bis zum Umfallen und widersetzt sich der drohenden Niederlage. Für diese aufopferungsvolle Leistung wird sie belohnt, und aus einem Rückstand wird ein Sieg. Klingt das toll?

Schade nur, dass die türkischen Fans solche Momente nicht erleben können. Es kommt nahezu nie vor, dass in internationalen Aufeinandertreffen ein Spiel gedreht werden kann. „Warum schaffen das die anderen?", fragen sich die Fans.

Die Türken sind häufig von vornherein die schwächere Mannschaft. Wenn sie dann auch noch ein Gegentor kassieren, kommt ihnen der Glaube an den Sieg vollends abhanden. Sie trauen sich nicht zu, das Spiel zu drehen. Also beginnen die Beine schwer zu werden. Die Lust am Spiel vergeht. Die Motivation leidet. Es ist wie eine selbsterfüllende Prophezeiung: Eine schwache Leistung führt zu einem Gegentor, das Gegentor bewirkt Mutlosigkeit, die zu einem erneuten Gegentor und letztendlich einer Niederlage führt. Da die Spieler die Angst seit dem ersten Gegentor in den Knochen hatten, haben sie sich nicht gewehrt. So kann man keinen Gegner bezwingen.

Eine ähnliche Leidensgeschichte widerfährt den zuschauenden Fans im Stadion. Die Stimmung sinkt im gleichen Tempo wie die Motivation der Spieler. Vor Spielbeginn war man noch voller Hoffnung und Zuversicht, frenetisch und voller Euphorie. Wird das erste Gegentor kassiert, ist die Stimmung im Eimer. Als wäre plötzlich ein eisiger Windstoß durch das Stadion geweht und hätte alles Feuer in den Fans ausgelöscht. Der Grund ist naheliegend: Auch die Fans trauen den eigenen Spielern nicht zu, das Spiel noch zu drehen – also sparen sie sich die Anfeuerungsrufe.

Lösung: Die große Kunst besteht darin, sich von einem Gegentor nicht einschüchtern zu lassen. Wenn das Tor kassiert wurde, dann ist das so. Das lässt sich nicht mehr ändern. Es hilft, nach vorne zu blicken. Es gibt noch ausreichend Zeit, um dem Gegner das eigene Spiel aufzudrücken und auch ein Tor oder zwei zu schießen. Warum sollte das nicht möglich sein? Anderen Mannschaften gelingt es doch auch. Manche Teams schießen noch zwei Tore in den Schlussminuten. Kein Spieler sollte daher voreilig aufgeben. Im Fußball ist es immer möglich, ein Tor zu erzielen. Allein der Glaube daran muss vorhanden sein.

Das System ist zu defensiv

Schwäche 9 – Das System ist zu defensiv

Ist die Mannschaft vielleicht früh in Rückstand geraten (siehe Schwäche 7), dann erkennt man schnell das Spielsystem. Das Team ist deutlich zu defensiv eingestellt. Das ist auch gar nicht überraschend, da die türkische Elf ja nicht so überlegen ist, wie sie sich vor dem Spiel gegeben hat, sondern erst einmal aufpassen muss, bloß kein (weiteres) Tor zu kassieren. Sie agiert ängstlich und spielt von hinten heraus. Erneut ist dem Fan mulmig zumute. Warum wird denn nur so defensiv gespielt? Wir müssen das Spiel doch gewinnen – wie soll uns das mit einer Mauertaktik gelingen?

Im Grunde ist es umgekehrt: Dem türkischen Fußballer liegt das offensive Spiel deutlich mehr. Es liegt in der Natur der meisten Spieler – nicht nur in der Türkei, aber dort ganz besonders –, dass sie Tore schießen wollen. Das ist schon als Kind so, wenn es auf dem Bolzplatz noch keine Positionen und kein System gibt. Jeder möchte Stürmer sein. Der wird nämlich gefeiert und auf Händen getragen, denn er entscheidet ein Spiel. Es ist der Stürmer, den die Fans lieben und den die Medien immer wieder zeigen, weil er das entscheidende Tor geschossen hat. Folglich trifft man in der Türkei mehr offensive Spieler als defensive. Der Angriff liegt den spielstarken Türken. Also sollte man diese Fähigkeit nutzen.

Wer nur gute Offensivleute hat, der hat natürlich ein Problem in der Abwehr. Den Mangel in der Defensive – in der Türkei gibt es wenige Top-Verteidiger – kompensiert der Trainer mit einer höheren Anzahl an Abwehrspielern. Jetzt hat er zahlenmäßig mehr defensiv eingestellte Leute auf dem Feld stehen, was eine offensive Spielweise unmöglich macht. Die Gesamtausrichtung der Mannschaft ist folglich zu defensiv. In der Regel steht nur ein echter Stürmer auf dem Platz. Das Mittelfeld wird vollgestellt und eine Viererkette sichert das Tor. Das ist zwar eine legitime Möglichkeit, Fußball zu spielen, doch sie raubt den türkischen Fußballern ihre natürlichen offensiven Fähigkeiten. Dadurch verliert die türkische Mannschaft an Stärke.

In der Folge ist das Spiel der Türken von Angst geprägt. Die Spieler achten besonders auf die Defensive, und vorne soll dann der Fußballgott helfen. Ein einziger Stürmer müht sich, die Gegner im Spielaufbau zu stören. Das ist zu wenig, so kann das nichts werden. Die Fans könnten heulen. Warum müssen die Türken immer ängstlich spielen und den Gegnern hinterherlaufen? Warum können nicht wir mal dem Gegner unser Spiel aufdrücken? Manche Fans geben angesichts dieser Perspektivlosigkeit auf und schwören, sich nie wieder ein Spiel der türkischen Nationalmannschaft anzusehen.

Lösung: Die türkische Elf braucht ein vollkommen neues Spielverständnis. Mit der defensiven Ausrichtung muss endlich Schluss sein, denn das liegt der Türkei einfach nicht. Sie braucht keine Abwehr, die mit vielen Spielern vollgestellt ist, es reichen wenige Gute, die rar sind und entsprechend gefördert werden müssen. Jeder Trainer muss Schwachstellen aufdecken, ansprechen und abstellen. Die Defensive ist so eine Schwachstelle. Dass die Qualitäten der türkischen Spieler zweifellos in der Offensive liegen, muss genutzt werden. Wenn die Mannschaft mehr Tore kassiert, kann sie das mit noch mehr eigenen Treffern ausgleichen. Ein 3:2-Sieg für die Türkei könnte dann die Regel sein, anstelle einer zittrigen 0:1-Niederlage.

Dieser Punkt ist sehr wichtig für den türkischen Fußball. Die Türkei muss etwas Grundlegendes im Spielsystem verändern, wenn sie sich verbessern will. Es ist Zeit für eine große Veränderung.

Keine Überraschung im Spiel

Schwäche 10 – Keine Überraschung im Spiel

Wenn ein Fan das Spiel der türkischen Nationalmannschaft beschreiben soll, dann wird er erst
mal einen langen Seufzer ausstoßen. Nun ja, es
dümpelt in der Regel so vor sich hin. Das beherr-
schende Element ist: Langeweile.

Bleiben wir bei unserem wichtigen Spiel. Beide
Mannschaften haben sich aufeinander eingestellt.
Der Gegner will nicht mehr machen, als er muss,
und die Türken können nicht mehr ausrichten, als
den Ball in den eigenen Reihen hin und her zu
schieben. Die Minuten rinnen also dahin, und es
passiert nichts Besonderes. Kein außergewöhnli-
cher Pass, keine überraschende Kombination. Null
Gefahr bei Eckbällen und Freistößen, kein schnel-
les Konterspiel.

Das Spiel der türkischen Mannschaft lebt aus-
schließlich von der Spannung. Wie wird der nächste Angriff vonstatten gehen? Dabei geht es allerdings nicht um die eigenen Angriffsaktionen, sondern darum, ob die Türken beim nächsten Angriff
des Gegners ein Tor kassieren werden oder nicht.
Der Fan hofft und bangt, weiß er doch um die
schwache Defensive seines Teams.

Auf das eigene Spiel wird nicht so viel Wert gelegt, es kommt ja eh nicht viel dabei heraus. Kann ja auch nicht, wie wir bereits erfahren haben, da die Mannschaft zu defensiv spielt (siehe Schwäche 9). Also bleibt es beim Gekicke in die Breite (siehe Schwäche 3). Zu keiner Zeit hat man das Gefühl, die türkische Mannschaft hätte das Heft in der Hand. Es gibt außerdem zu wenige Spieler, die überraschende Pässe spielen können. Es fehlt an Denkern und Lenkern. Also konzentriert man sich auf das Geplänkel im Mittelfeld.

Das Spiel der Türken ist leider einfach und berechenbar. Das macht es jedem Gegner leicht. Zu keinem Zeitpunkt kommt ein unerwarteter Pass in die Tiefe, eine überraschende Passkombination, die den Gegner im Regen stehen lässt. Das ist viel zu wenig für eine Mannschaft, die sich im oberen Drittel der Weltrangliste ansiedeln will.

Lösung: Die Türkei muss mehr wagen. Wer ohne Risiko spielt, wird keinen Blumentopf gewinnen können. Leider kann sich die türkische Mannschaft nicht aus dem Kreislauf des jahrelang Geübten und Bekannten befreien.

Die Fans des türkischen Fußballs beobachten immer wieder, wie ihre Mannschaft auf Sicherheit spielt und bloß kein Tor kassieren will. Mit solch einer Einstellung wird das türkische Team jedoch nie über ein paar Zufallstreffer hinauskommen. Wer das Spiel überraschend gestaltet, der wird den Gegner auf dem falschen Fuß erwischen können. Er wird ihn unter Druck setzen und ihn zu Fehlern zwingen. Mit einer frechen Spielweise wird die Mannschaft sich deutlich mehr Chancen erspielen können. Und die braucht die Türkei.

Die Stürmer werden alleingelassen

Schwäche 11 – Die Stürmer werden alleingelassen

Türkische Fans müssen mit dem schwachen Mittelfeld und der mittelmäßigen Verteidigung ihrer Mannschaft leben. Das ist nicht immer leicht. Manchmal ist es gar zum Haareraufen. Doch was ist mit dem Sturm? Taugen die türkischen Stürmer etwas oder sind auch dort schwache Leistungen die Regel?

Türkische Stürmer haben ein schweres Los. Sie sind meist allein in der gegnerischen Hälfte. In der Regel spielt nur ein echter Stürmer, der durch einen oder mehrere offensive Mittelfeldspieler unterstützt wird. Er müht sich vorwiegend allein, Lücken zu reißen und das Aufbauspiel des Gegners zu stören. Das ist ein schwieriges Unterfangen.

Die türkische Taktik braucht mehr Stürmer. Manch einer wird jetzt sagen, dass darunter die Defensive leiden könnte, aber der Sturm ist doch die türkische Stärke – warum sollte man diese nicht stärker betonen? Es gibt spielstarke Mittelfeldspieler, die den Ball nach vorne befördern können. Wenn sich dort aber nur ein Spieler abmüht, dann stehen die Chancen, dass sich gefährliche Torgelegenheiten ergeben, schlecht.

Was man den türkischen Stürmern ankreiden muss, ist ihre mangelnde Torgefährlichkeit. Sie brauchen zu viele Chancen, um ein Tor zu erzielen. Hier schließt sich auch der Kreis zu dem Punkt „Keine Überraschung im Spiel" (Schwäche 10). Die türkische Mannschaft hat ohnehin wenige Chancen, und diese werden nicht genutzt.

Es ist dem türkischen Stürmer nicht zu verdenken, dass sein Herz pocht und er nervös ist, wenn er dann mal zu einer Chance kommt. In dieser Situation hängt von seiner Aktion gefühlt das Wohl oder Leid einer ganzen Nation ab. Es ist also verständlich, dass unter solch einem enormen Druck den wenigen Gelegenheiten nichts Zählbares entspringt.

Die Fans können 90 Minuten lang die Daumen drücken, sie können hoffen und beten, dass das runde Leder endlich den Weg ins gegnerische Tor findet. Sie können den Kontrahenten mit einem Fluch belegen und die gegnerischen Spieler durch ihre Gesänge nervös machen. Das alles wird nichts an der hoffnungslosen Situation türkischer Stürmer ändern. Sie können eben nicht zaubern.

Lösung: Die türkischen Stürmer mühen sich sehr, aber ihnen fehlt eine konkrete Rolle im Spielsystem. Es wirkt nicht harmonisch, wenn ein Einzelner durch den gegnerischen Strafraum irrt. Hier ist das gesamte System zu hinterfragen (siehe Schwäche 9). Das türkische Spiel muss offensiver werden, damit mehr Torchancen entstehen. Wenn man ein solches Spielsystem im türkischen Fußball etablieren würde, dann hätten es auch die Stürmer leichter. Sie wären häufiger am Ball, würden mehr Sicherheit und Ruhe gewinnen.

Keine Gefahr bei Standardsituationen

Schwäche 12 – Keine Gefahr bei Standardsituationen

Hin und wieder fragen sich die türkischen Fans, ob sie den Ball nicht selbst ins gegnerische Tor schießen sollen. Bei so viel Planlosigkeit im Aufbauspiel und der mangelnden Chancenausbeute, gepaart mit der permanenten Angst vor einem Gegentreffer, da möchte man als Fan einfach nur helfen. Wenn es also aus dem Spiel heraus nicht gelingen will, Tore zu erzielen, liegt die letzte Hoffnung auf den sogenannten Standardsituationen.

Die meiste Zeit hofft der türkische Fan – und der Reporter –, dass die Mannschaft einen Elfmeter zugesprochen bekommt. Also drücken die Zuschauer im Stadion, die Fans am Fernseher, das ganze Land die Daumen, es möge sich eine Situation ergeben, bei der entweder der türkische Spieler wirklich gefoult wird oder er nur schauspielernd zu Boden geht oder es zu einem Handspiel des Gegners im Strafraum kommt.

Tritt eines der eben genannten Szenarien auf, dann schreit der Reporter „Elfmeter!", und alle Blicke richten sich auf den Schiedsrichter. Man selbst mag überzeugt von der Eindeutigkeit des

Fouls sein, aber ist es der Unparteiische auch? Meistens ist er das nicht. Also wird heftigst auf den Schiedsrichter geschimpft (siehe Schwäche 13).

Die Alternative wäre, nach einem Eckball für Gefahr zu sorgen. Hier wird leider jegliche Hoffnung im Keim erstickt, denn: Die Türken können keine gefährlichen Ecken treten. Mal fliegt der Ball sehr weit ans Ende des Sechzehnmeterraums, manchmal ist er viel zu kurz und der Gegner befördert den Ball problemlos aus der Gefahrenzone heraus. Der türkische Fan fragt sich in jedem Spiel, was denn die Spieler im Training so machen. So schwer ist so ein Eckball doch gar nicht zu treten, oder?

Vor lauter Verzweiflung versuchen die Türken oftmals kurze Ecken. Das bedeutet, ein Mitspieler nähert sich dem ausführenden Spieler und bekommt den Ball aus kurzer Distanz. Damit ist das Gefahrenpotenzial, das aus einem hart und mit Effet vors Tor gebrachten Ball resultieren könnte, in der Regel dahin. Kurze Ecken sind Notlösungen. Die Mannschaft versucht damit zu kaschieren, dass sie keine guten Eckbälle schießen kann.

Als letzte Standardsituation bleibt noch der Freistoß, doch auch hier sind die Möglichkeiten der Türken begrenzt. Zunächst kommt es sehr selten überhaupt zu gefährlichen Freistoßsituationen in Tornähe. Außerdem hat man keinen Spieler, bei dessen Freistößen die Fans die Luft anhalten. Es wird halt aufs Tor gedroschen, gelegentlich auch mal gezirkelt. Fast immer entscheidet man sich für die falsche Variante.

Die Fans haben die Hoffnung, dass aus Standards heraus Tore fallen könnten, längst aufgegeben. Da hilft kein Beschönigen. Man braucht nur in die lange fußballerische Vergangenheit zu blicken. Die Diagnose ist niederschmetternd. Türkische Fußballer können aus Standardsituationen keine Torgefährlichkeit kreieren.

Lösung: Die türkischen Spieler müssen einfach mal gucken, wie die anderen Mannschaften Eckbälle schießen. Da kommt der Ball stramm und angedreht in den Strafraum geflogen. Vor allem fliegt er in die Nähe des Elfmeterpunkts oder zu einem Spieler, mit dem diese Standardsituation eingespielt wurde. Das heißt, ein Eckball muss dahin gelangen, wo ihn der Schütze annehmen kann. Bei den türkischen Spielern ist Zielgenauigkeit eher die Ausnahme.

Die Türken müssen das Potenzial von Standardsituationen erkennen und nutzen. Der Eckball ist ein gefährliches Instrument, das genutzt werden sollte. Er ist kein notwendiges Übel, sondern eine Chance, auf die man sich auch im Training hinreichend vorbereiten kann. Bei Freistößen wäre ein wenig mehr Feingefühl wünschenswert. Für alle Standards gilt: üben, üben und nochmals üben.

Der Schiedsrichter ist schuld

Schwäche 13 – Der Schiedsrichter ist schuld

Das Spiel läuft jetzt schon eine Zeit lang, die Minuten vergehen. Die türkischen Fans sind zu Recht unzufrieden mit der Leistung ihrer Mannschaft. Die angestaute Wut muss irgendwohin, und meist entlädt sie sich in Form von Kritik an der Leistung des Schiedsrichters. Obwohl der am Wenigsten für die schwache Leistung der türkischen Mannschaft kann. Wie im Leben wird auch im Fußball immer jemand gesucht, den man für die eigene Unfähigkeit verantwortlich machen kann.

Schiedsrichter haben es nicht leicht. Sie können es niemandem recht machen. Immer hat jemand etwas zu meckern. Zu den größten Kritikern der Unparteiischen gehören die türkischen Spieler. Sie beschweren sich permanent. Das ist überhaupt nicht schön. Manchmal fragt man sich, ob die Spieler nicht selbst merken, wie unprofessionell ihre endlose Klagerei wirkt.

Es sind meist banale Dinge, über die sie sich aufregen. Da soll ein Elfmeter nicht gegeben worden sein, ein Handspiel wurde möglicherweise übersehen, ein Foul nicht gepfiffen oder eine Abseitsposition nicht erkannt. Dinge, die in jedem Spiel immer wieder vorkommen. Können sich die Spieler nicht einfach auf ihre eigentlichen Aufgaben konzentrieren? Als Fan fällt es schwer, ein solches Verhalten mitanzusehen.

Warum muss man den Schiedsrichter wütend anschauen, als wolle man ihm Angst machen? Warum muss man ihm sagen, wie er zu entscheiden hat? Einige Spieler heben direkt nach einem Foul die Hand und fordern vehement eine Gelbe Karte für den gegnerischen Spieler. „Lasst doch den Schiri seine Arbeit machen und spielt einfach Fußball!", möchte man ihnen zurufen.

Selbst kurz vor Spielschluss sind die Türken immer noch am Meckern (diese Ausdauer ist wahrlich unglaublich). Sie kritisieren, dass der Gegner auf Zeit spielt und der Schiedsrichter das nicht ahndet. Und natürlich gibt es auch nie genug Nachspielzeit.

Lösung: Auch wenn Fußball ein emotionsgeladenes Spiel ist – das Hadern der Türken mit der Schiedsrichterleistung ist unerträglich. Die türkischen Spieler sollten sich auf ihr Spiel konzentrieren und den Schiedsrichter als Bestandteil des

Spiels akzeptieren. Es wird immer eine Entscheidung geben, die zuungunsten der eigenen Mannschaft ausfallen wird. Das ist schon immer so gewesen. Die Türken sehen sich häufig benachteiligt und suchen die Schuld bei dem Mann in Schwarz. Einfach mal den Mund halten – das wäre die beste Devise.

Alles in letzter Minute

Schwäche 14 – Alles in letzter Minute

Die türkischen Fans – ja die ganze Nation – sind in der Regel gelassene Menschen. So auch die Fußballer. Sie spielen in aller Ruhe ihr, in der Regel unspektakuläres, Spiel herunter. Für den Zuschauer ist das nicht besonders angenehm. Wenn ein Sieg im entscheidenden Spiel Pflicht ist und man schon die 80. Spielminute erreicht hat, dann stößt die Geduld an Grenzen. Nervosität macht sich breit, unnötigerweise. Denn die türkischen Spieler wachen viel zu spät aus ihrem Tiefschlaf auf. So weit müsste es die Mannschaft gar nicht kommen lassen.

Die Zuschauer werden unruhig, der Trainerstab ebenfalls, die Ersatzspieler sowieso, und auch bei den Akteuren auf dem Feld beginnen die Nerven zu flattern. Man braucht dringend noch einen Treffer, und die kostbaren Minuten verrinnen. Jetzt muss das Tor erzwungen werden, doch niemand weiß, wie das gehen soll. Es kommt Panik auf. Man möchte nicht schon wieder als der traurige Verlierer dastehen, wie schon so oft zuvor, der die Qualifikationsrunde nicht überstanden hat.

Die Wut der Fans ist verständlich. Wie gerne würden sie mal ein Spiel ihrer Elf miterleben, bei dem in den letzten Minuten eines Spiels ein komfortabler Vorsprung über die Zeit gebracht werden kann. Noch besser wäre es, wenn es gar nicht erst zu einem Herzschlagfinale in der alles entscheidenden Partie kommen müsste. Man muss nämlich sagen, dass in einer Qualifikationsrunde eine Menge Punkte verteilt werden. Hätte das türkische Team nicht unnötig Punkte liegen gelassen, stünde sie auch nicht im letzten Spiel so sehr unter Druck.

Auch in der entscheidenden Partie wird zunächst einmal lange Zeit auf Halten gespielt. Warum? Allerspätestens mit Beginn der zweiten Halbzeit sollte man doch deutlich offensiver zu Werke gehen, um das so wichtige Tor zu erzwingen. Dann hätte man noch genug Zeit. Für den Fan ist dieses lange Zögern unverständlich. Wenn erst in den letzten Minuten des Spiels das Risiko erhöht wird, geht das in der Regel schief.

Auch auf dem Spielfeld macht sich die Unzufriedenheit mit zunehmendem Spielverlauf immer deutlicher bemerkbar. Die Spieler laufen wild gestikulierend über das Feld, schimpfen über die Entscheidungen des Schiedsrichters oder sehen den Balljungen böse an, weil er nicht schnell genug reagiert. Die Emotionen geraten außer Kontrolle. All das müsste nicht sein.

Lösung: Wenn sich die türkische Nationalmannschaft verbessern will, dann muss sie jedes Qualifikationsspiel sehr ernst nehmen und sich viel stärker konzentrieren. Sie darf keine wichtigen Punkte im Laufe der Qualifikationsrunde liegenlassen. Leider passiert aber genau das regelmäßig. Gegen mittelmäßige Gegner wird verloren und gegen schwächere auch mal unentschieden gespielt. Diese Punkte fehlen dann am Ende, und das letzte Spiel muss man unbedingt gewinnen. Bei solchen „Endspielen" ziehen die Türken meist den Kürzeren, weil ihnen die erforderliche taktische Ausrichtung fehlt. Spiele mit Finalcharakter müssen die Ausnahme sein.

Schlechter Umgang mit Niederlagen

Schwäche 15 – Schlechter Umgang mit Niederlagen

Türkische Fans sind Kummer gewohnt. Meist werden wichtige Spiele verloren, obwohl man mit viel Enthusiasmus hineingegangen ist. Alles Klagen und Jammern hilft allerdings auch nicht. Wenn die 90 Minuten rum sind, kein Tor erzielt wurde und damit die Qualifikation misslungen ist, beginnen die Schuldzuweisungen. Denn mit Niederlagen kommen die Türken nicht klar.

Niemand verliert gerne, doch im Sport (auch in anderen Sportarten) gibt es nun einmal schwächere und starke Teams. Nach dem Schlusspfiff muss es einen Verlierer geben, damit es einen Sieger geben kann. Das ist normal. Darauf muss man als Spieler mental vorbereitet sein. Damit muss man umgehen können. Jedes Team darf während der gesamten Spieldauer kämpfen und ackern und auch einmal schimpfen, um alles zu versuchen, die Niederlage abzuwenden. Wenn die 90 Minuten jedoch vorbei sind und man das Spiel verloren hat, dann ist das zwar zunächst schmerzhaft, aber ganz normal.

Für türkische Fußballer ist eine Niederlage wie ein Schlag ins Gesicht. Sie kommt einem Verlust ihres Ehrgefühls gleich. Sie geraten dann schnell in Rage und neigen dazu, ihre Aggressionen gegen andere Spieler zu richten. Das ist falsch und hat mit Sport nichts gemeinsam.

Das Wichtigste ist, sich zunächst im richtigen Licht zu sehen. Jedes Land, jeder Fan will ein Gewinner sein, doch die Realität sieht anders aus. Das gilt vor allem für das türkische Team, das nur im internationalen Mittelmaß mitspielt. Man ist einfach nicht gut genug, um gegen größere Teams zu bestehen. Da braucht niemand außer Kontrolle zu geraten, sich ungerecht behandelt zu wissen oder die Schuld bei Schiedsrichtern zu suchen (siehe Schwäche 13). Einsicht wäre der erste Schritt zur Besserung.

Eine Niederlage hat auch etwas Positives. Sie verdeutlicht, wo die Mannschaft noch Defizite hat. In der Analyse erkennt man, wo die Spieler Fehler gemacht haben und wo man sich verbessern kann. Eine Niederlage zeigt die Schwächen eines Teams auf. Ein türkisches Sprichwort lautet: „Einen Fehler zu machen, ist keine Schande. Ihn zu wiederholen, jedoch schon."

Das heißt nicht, dass die türkische Mannschaft sich über Niederlagen freuen soll, aber sie bedeuten eben auch nicht das Ende der Welt. Wenn man die Schwächen schrittweise behebt, bis man als Mannschaft kaum noch welche hat, dann klappt es auch mit den Erfolgserlebnissen, und man muss sich nicht mehr grämen.

Lösung: Der türkische Fußball muss die eigene Leistungsfähigkeit realistisch einschätzen. Wer sich zu oft überschätzt, der fällt bekanntlich tief. Der ist dann von der Niederlage überrascht und in der Folge gefrustet. Mentaltrainer sind gut, um die Gedanken der Spieler zu ordnen. Hat das türkische Team überhaupt solche Leute im Trainerteam? Die Türken sollten eine Niederlage nicht als persönliches Scheitern oder gar eine Schande ansehen. Das wäre schon mal ein großer Schritt für einen anderen Umgang mit Niederlagen. Sie sind Teil des Spiels, das man so gerne spielt. Wer die Rose liebt, muss auch ihre Dornen akzeptieren.

Das eigene Spiel wird nicht hinterfragt

Schwäche 16 – Das eigene Spiel wird nicht hinterfragt

Die türkischen Fans schauen lieber nach vorne, anstatt in die schmerzhafte Vergangenheit. Nach dem Spiel ist vor dem Spiel. Das machen die türkischen Spieler nicht anders. Dabei vergessen sie aber, dass sie ihre Hausaufgaben noch machen müssen.

Nach einer Niederlage gehört es zum Lernprozess, das verlorene Spiel zu analysieren. Warum hat man verloren? Wo hat man Fehler gemacht, und wie kann man diese abstellen? Das gilt auch für den Erfolgsfall. Doch in der Türkei möchte man anscheinend von der schmerzhaften Niederlage nichts mehr wissen. Man verschließt einfach die Augen vor den eigenen Schwächen. Also fragt man sich als Fan: Lernen die Spieler denn nie aus ihren Fehlern? Nein, offensichtlich nicht. Im türkischen Spiel bleibt alles immer so, wie es schon immer war. So weit man auch in die Fußballhistorie zurückblickt, es hat sich rein gar nichts geändert. Die Fehlpässe sind immer die gleichen. Die Flanken kommen nicht an, Eckbälle stellen keine Gefahr dar (siehe Schwäche 12). Die Liste der Defizite ist lang.

Es wäre ein Anfang, sich die eigenen Fehler einzugestehen, anstatt sie beim Gegner oder beim Schiedsrichter zu suchen. Es ist an der Zeit, dass der türkische Fußball endlich die Gründe für die schwache Leistung auf dem Platz bei sich selbst sucht.

Normalerweise schaut sich ein Team jedes Spiel noch mal in der Nachbetrachtung an. Durch die Analyse des Trainers und die nachträgliche Auseinandersetzung mit der eigenen Leistung kann die Mannschaft verstehen, warum sie eine Niederlage kassiert hat. Dieser Prozess ist sehr sinnvoll. Aber türkische Mannschaften wissen nicht, warum sie verloren haben. Sie lehnen nachträgliche Analysen ab, vielleicht ist sogar der Trainer dagegen. Und wer nicht weiß, wo seine Schwächen sind, der kann sie auch nicht abstellen.

Lösung: Im Fußball müssen die Spieler wissen, was sie richtig machen und was nicht. Nicht das Individuum entscheidet über Sieg und Niederlage, sondern das Kollektiv. Fußball ist ein Mannschaftsspiel. Für ein gutes Erfolgsrezept muss man sich mit den Schnittstellen befassen und Fehler ausbessern. Jeder Reporter fragt nach dem Spiel, warum man verloren hat, woraufhin Spieler und der Trainer in der Regel die immer gleichen Floskeln herunterbeten. Das ist keine ausreichende Form der Selbstreflexion. Der Umgang mit den eigenen Schwächen ist ein wichtiger Schritt für die Verbesserung der Gesamtleistung. Aus diesem Grund sind nachträgliche Spielanalysen Pflicht.

Inkonstante Leistungen

Schwäche 17 – Inkonstante Leistungen

Nach so viel Kritik am türkischen Fußball folgt nun ein längst überfälliges Lob. Die Türken sind gar nicht so schlecht. Bei der WM 2002 in Japan und Südkorea oder der EM 2008 in der Schweiz und Österreich hat die Mannschaft gut gespielt und ansehnliche Ergebnisse erzielt.

Doch der Erfolg trübt häufig den Blick auf das Wesentliche. Besonders die türkischen Fans lassen sich von Erfolgen blenden. Die Nationalmannschaft konnte in Südkorea einen starken dritten Platz belegen und dachte anschließend, sie sei im Kreis der weltbesten Mannschaften angekommen. In der Türkei wurde man mit stolzer Brust als drittbestes Team der Welt bezeichnet. Tatsächlich ging es nach diesem Erfolg nur abwärts. Bei der EM in der Schweiz und Österreich erreichte man das Halbfinale und war außer sich vor Freude. Einen längerfristigen Leistungsanstieg der Nationalmannschaft haben die kurzzeitigen Erfolge nicht bewirken können.

Das Problem ist: Wenige Wochen Fußball ersetzen nicht die Arbeit eines ganzen Jahres. Oder anders ausgedrückt: Eine einzelne Turnierleistung sagt noch nichts über die Qualität einer Mannschaft aus. Manchmal hat man eben einen guten Lauf. Die Türken haben vor allem bei der EM in der Schweiz und Österreich sehr viel Glück in den letzten Minuten eines Spiels gehabt und sind somit oft sehr knapp eine Runde weiter gekommen. Natürlich gehört Glück dazu, und die Erfolge seien den Türken selbstverständlich gegönnt. Was also fehlt?

Eine wirklich gute Mannschaft kann ihre Leistung dauerhaft unter Beweis stellen. Sie muss konstant auf einem hohen Niveau spielen können. Davon ist die türkische Nationalmannschaft leider noch weit entfernt. Im türkischen Team wechseln sich mittelmäßige und gelegentlich katastrophale Leistungen ab.

Wer heute noch in Erinnerungen über die tollen WM- und EM-Tage schwelgt, der verschließt sich der Gegenwart. Die Türkei hat in einem halben Jahrhundert in nur sehr wenigen Turnieren mitspielen können. Die Anzahl der Turniere, die ohne die Türkei stattfanden, ist um ein Vielfaches größer. Darüber lohnt es sich nachzudenken.

Lösung: Die türkischen Fans und Spieler erfreuen sich an alten Errungenschaften. Sie hängen an den guten alten Zeiten. Manche würden dazu auch „träumen" sagen. Die Erinnerung an gute Spiele ist schön, sie kann aber gleichzeitig auch blenden. Ist der Erfolg noch frisch, dann glaubt die National-mannschaft, sie sei besonders gut und könne es jetzt mit internationalen Topteams aufnehmen.

Die Türkei darf sich nicht von ihren kleinen Erfol-gen blenden lassen, sondern muss sich im Gegen-teil immer wieder vor Augen führen, wie viele Turniere sie vom Fernseher aus verfolgen musste. Die eigene Leistung ist noch zu inkonstant. Das reicht einfach noch nicht, um mit den Spitzen-teams mitspielen zu können. Es reicht nicht ein-mal, um regelmäßig an internationalen Turnieren teilzunehmen.

Mangelnde Nachwuchsförderung

Schwäche 18 – Mangelnde Nachwuchsförderung

Woran liegt es, dass sich der türkische Fußball einfach nicht weiterentwickelt? Es muss doch Gründe dafür geben, dass alles so bleibt, wie es ist. Ein wichtiger Faktor ist die mangelhafte Nachwuchsförderung.

Mit Blick auf den Nachwuchs läuft im türkischen Fußball nicht alles verkehrt. Gelegentlich können sich junge Spieler in U19- oder U21-Wettbewerben gut behaupten. Die Türkei könnte allerdings noch viel mehr gute Spieler haben, würde sie der Jugendarbeit einen höheren Stellenwert einräumen. Junge Spieler mit Potenzial nicht zu fördern, ist ein schwerer Fehler im Fußballgeschäft. Nicht nur finanziell.

Schon im Kindesalter müssen junge Talente gefördert werden, also bevor man weiß, dass sie es weit bringen werden. Man muss den Kleinsten etwas zutrauen. In der Türkei werden die Kleinen nicht für voll genommen. Das ist schade für ein so fußballbegeistertes Land.

Hat es mal ein Nachwuchsspieler in die erste Mannschaft geschafft, dann muss er sich sofort unterordnen. Das ist zunächst nicht ungewöhnlich und passiert in jedem anderen Land auch. Das Problem in der Türkei ist aber, dass die jungen Spieler fortan auf der Ersatzbank versauern. Sie können ihr Talent nicht weiterentwickeln, und man nimmt ihnen so die Möglichkeit zu reifen. Weil auch dies schon viel zu lange so gehandhabt wird, ist kaum zu glauben, dass sich etwas zum Positiven ändern wird.

Die Hierarchie innerhalb einer Mannschaft ist in der Türkei sehr ausgeprägt. Junge Spieler haben nichts zu melden, auch wenn sie etwas Sinnvolles beitragen könnten. Die erfahrenen Spieler hingegen haben einen hohen Stand und sind gesetzt, bis sie sich in den Ruhestand verabschieden. Besonders Spieler, die schon mal was Großes geleistet oder vielleicht auch mal etwas gewonnen haben, die sich in der Nationalmannschaft verdient gemacht haben, werden niemals kritisiert. Der Status eines solchen Spielers wird nicht angezweifelt.

So bleibt alles, wie es ist. Das ist für die Talente zermürbend und für das ganze Land von Nachteil. Die Nachwuchsspieler verlernen das Fußballspielen wieder, indem sie auf der Ersatzbank versauern. Warum man das Potenzial der eigenen Jugendspieler nicht ausnutzt, ist unverständlich. Sie sind der Grundstein für einen langfristig erfolgreichen Fußball.

Lösung: Man muss aufhören, zu lange an den alten Spielern festzuhalten, denn das hemmt die Weiterentwicklung. Ein Generationenwechsel erfordert Mut. Ein neues Teamverständnis nach dem Motto „Alt hilft Jung" muss Einzug halten. Ältere Spieler sollten dazu da sein, ihre Erfahrung weiterzugeben und die jungen Talente in der Öffentlichkeit zu schützen. Das ist besonders in der Türkei wichtig, wo neue Spieler durch die Medien schnell in den Himmel gelobt werden. Es ist völlig unmöglich, dass die jungen Spieler die an sie gesetzten Erwartungen erfüllen können.

In einem fußballverrückten Land wie der Türkei müssen deutlich mehr Talente an den Profisport herangeführt werden. Gefühlt spielt jeder Junge

Fußball. Dieses Potenzial sollte deutlich stärker genutzt werden.

Wenig Zutrauen in türkische Spieler

Schwäche 19 – Wenig Zutrauen in türkische Spieler

Die folgende Schwäche passt in die gleiche Kategorie wie die mangelnde Nachwuchsförderung. In der Türkei traut man eigenen Spielern weniger zu als ausländischen. Man kauft fleißig mittelklassige Spieler aus dem Ausland und lässt zu den Nachwuchsspielern, die bereits auf der Bank sitzen, auch noch die türkischen Spieler versauern.

In türkischen Fußballligen entdeckt man eine Menge ausländischer Spieler. Das wäre nichts Beklagenswertes, würden die türkischen Klubs sich durch die Einkäufe tatsächlich spielerisch verbessern. Genau das passiert jedoch nicht. Die Teams kaufen im Ausland ein, um sich zu verstärken, und treten letztendlich genauso schlecht auf wie zuvor.

Jede Investition kostet viel Geld. Dieses Geld ist schlecht ausgegeben, wenn der neue Transfer keinen Mehrwert bietet. Es könnte in anderen Bereichen viel sinnvoller investiert werden. Leider wollen türkische Teams den schnellen Erfolg, niemand will etwas reifen, etwas zusammenwachsen lassen. Man kauft daher lieber „fertige" Spieler aus dem Ausland, anstatt eigene zu fördern.

Die wilden Transfers, mit denen sich die Klubs rühmen, führen dazu, dass der ausländische Spieler einen Stammplatz in der Mannschaft besetzt. Nicht, weil er gut ist, sondern weil er für teures Geld eingekauft wurde. Sowohl der Trainer (der ihn haben wollte) als auch das Präsidium (das den Spieler bezahlt hat) wollen sehen, wofür sie so viel Geld ausgegeben haben. Aus diesem Grund kann ein aus dem Ausland eingekaufter Spieler in der Regel unmöglich auf der Bank sitzen. Auch dann nicht, wenn seine Leistung nur mittelmäßig ist. Die Folge: Ein mindestens genauso starker türkischer Fußballer versauert auf der Bank, und auch der hoffnungsvolle Jugendspieler bekommt keine Chance, Erfahrungen zu sammeln. So bleibt der türkische Fußball auf der Strecke. Den Reifeprozess machen die ausländischen Spieler – und gehen dann weiter zum nächsten Verein.

In der Nationalmannschaft fehlt es an hochwertigen Spielern. Warum? Weil die Guten zu lange die Ersatzbank in ihren Teams gedrückt haben und gegen die inflationäre Konkurrenz aus dem Ausland kein Land sehen. Trainer, Verantwortliche und auch Verbände können nicht über schwache Leistungen der Nationalelf schimpfen, aber das Fundament dafür nicht bereitstellen.

Lösung: Wenn ausländische Spieler eingekauft werden, dann müssen das wirkliche Verstärkungen sein, die die jeweilige Mannschaft weiterbringen. Anderenfalls sollte der türkische Fußball die Gelder lieber im eigenen Land behalten und besser in nationale Spieler oder in die Jugendarbeit investieren. Solch eine Maßnahme wird sich langfristig als sehr sinnvoll herausstellen.

Auf den kurzfristigen Erfolg fokussiert

Schwäche 20 – Auf den kurzfristigen Erfolg fokussiert

Woran liegt es also, dass man in der Türkei keine Basis für guten Fußball schaffen kann? Warum können die Türken ihre Leistung nicht kontinuierlich verbessern? Die Antwort ist so schlicht wie einleuchtend: Sie wollen dem Wachstum einer Mannschaft keine Zeit lassen.

Die Türken sind Menschen mit Temperament. Manchmal hitzig, oft ungeduldig und immer emotional. Alles muss schnell gehen, die Dinge müssen in Bewegung sein. Nicht umsonst spielt der Türke lieber Tavla (Backgammon) anstatt Satranç (Schach). Schach dauert ihm einfach zu lange.

Diese Denkweise findet sich auch im türkischen Fußball wieder. Dort ist der schnelle Erfolg gefragt. Wenn ein neuer Spieler gekauft wird, dann soll er sofort Höchstleistungen abrufen. Jeder Fan weiß, dass das selten der Fall ist, denn ein Spieler muss erst einmal seine Kollegen kennenlernen und sich in das Spielsystem des Trainers einfinden. Das braucht Zeit. In der Türkei fehlt dieses Verständnis. Medien und „Experten" sind schnell mit Kritik zur Stelle.

Wird ein neuer Trainer geholt, dann gilt das Gleiche auch für ihn: Er soll direkt in der ersten Saison Erfolge aufweisen, am liebsten die Meisterschaft holen, und im Jahr darauf erst recht. Wenn das nicht klappt, wird er gefeuert – dann muss es eben ein anderer schaffen. In der Türkei dreht sich das Trainerkarussell besonders schnell.

Niemand kann im Fußball sofort etwas verändern. Ein kräftiger Baum braucht Zeit zum Wachsen, das ist im Fußball nicht anders. Will man eine harmonische Mannschaft zusammenstellen, dann muss man ihr Zeit zum Zusammenwachsen geben. Das geht nicht über Nacht. Der Trainerstab braucht Zeit und Gelegenheiten, die Spieler kennenzulernen, ihre Fähigkeiten und Stärken zu erkennen und sie dann optimal in das System einzubinden.

Warum gibt man den Teams also keine Zeit? Weil das bedeuten würde, dass Mannschaft, Fans und Verantwortliche in der Entwicklungs- und Reifephase mit Niederlagen klarkommen müssten. Manche Saison könnte dann ohne Titel enden. Solch ein Ausblick kommt im türkischen Fußball nicht infrage. Deshalb sind die Widerstände gegen die nötige Geduld so groß.

Lösung: Das Beispiel mit dem Baum ist treffend. Er braucht Wasser und Zeit, um zu wachsen. Die Verantwortlichen behaupten, sie hätten keine Zeit, weil sie Verträge mit Sponsoren und Fernsehen haben. Sie sagen, der Erfolg muss sofort her, damit sich die Investition rechnet und das Geld wieder in die Kassen kommt. Doch will ein Verein etwas erreichen und sportliche Erfolge feiern, dann muss er Spielern und Trainern Zeit lassen, etwas auf die Beine zu stellen. Ein Blick in die lange türkische Fußballvergangenheit zeigt, dass vor allem die vielen Trainerwechsel in den Klubs und in der Nationalmannschaft nie den Erfolg gebracht haben, den man sich für den türkischen Fußball gewünscht hat. Nämlich dauerhaft gute Leistungen.

In Freundschaftsspielen wird nicht getestet

Schwäche 21 – In Freundschaftsspielen wird nicht getestet

Wer etwas nicht gut genug kann, der muss üben. Das stimmt so weit. Üben könnten die Türken in Freundschaftsspielen, denn dafür sind solche Spiele da. Es darf also probiert und getestet werden, weil man dazu in Pflichtspielen selten die Gelegenheit hat. Nur: Die Türkei macht das leider ganz anders. Sie nutzt ihre Möglichkeit zum Testen nicht.

Obwohl ein Testspiel, wie ein Freundschaftsspiel auch genannt wird, zum Testen da ist, wird diese Option in der Türkei kaum wahrgenommen. Kein Trainer wechselt eine Vielzahl an Spielern ein, niemand verändert die Positionen, es wird nicht einmal rotiert. Warum nicht? Weil die Türken das Freundschaftsspiel unbedingt gewinnen wollen. Sie gehen mit der gleichen Elf wie sonst auch auf den Platz, nämlich mit ihrer A-Mannschaft. Das ist das Beste, was sie im Angebot haben. Vereinzelt erhält der Ersatztorwart eine Chance und höchstens noch ein weiterer Feldspieler. Ansonsten spielen alle wie immer und haben nur den Sieg im Sinn. Schließlich üben auch die Medien einen gewissen Druck aus (siehe Schwäche 23) und fällen selbst nach freundschaftlichen Vergleichen harte Urteile.

Gegen sportlichen Ehrgeiz ist an sich nichts einzuwenden, doch wiegen die Folgen schwer. Die Institution Testspiel wird einfach nicht genutzt, um neue, junge Spieler in die Mannschaft zu integrieren. Dem Trainer stünden alle Möglichkeiten offen, aber wie soll sich das türkische Team entwickeln, wenn es so spielt wie immer?

Lösung: Testspiele heißen so, damit getestet werden kann. Spieler, Positionen, Formationen und alles, was dazugehört. Die Türkei muss aufhören, immer nur nach Siegen zu gieren, die ihnen leider nicht allzu oft vergönnt sind. Deshalb wäre der richtige Ansatz, ein Freundschaftsspiel als „erkenntnisreich" oder „weniger erkenntnisreich" zu bewerten, anstatt Sieg oder Niederlage als wichtigstes Kriterium heranzuziehen. Freundschaftsspiele dürfen ruhig verloren werden.

Fehlender Teamgeist

Schwäche 22 – Fehlender Teamgeist

Der türkische Fußball hat es schwer. Viele Faktoren lassen keine erfolgreiche Spielweise aufkommen. In der Folge geben die Fans die Hoffnung auf. Warum können unsere Spieler sich nicht am Riemen reißen und den treuen Fans endlich mal Erfolge gönnen? Auf diese Frage gibt es eine unangenehme Antwort: Sie spielen nicht als Team.

Wer Fußball spielt, der weiß, dass eine homogene Mannschaft deutlich erfolgreicher spielen kann als eine auf dem Papier stärkere Mannschaft, bestehend aus lauter Stars. Deshalb ist es wichtig, die Spieler auf ein gemeinsames Ziel einzuschwören. Sie sollen gemeinsam spielen und gewinnen.

Im Fußball heißt es „Das Wir gewinnt". Diese Devise ist im türkischen Fußball all die letzten Jahrzehnte nicht gelebt worden. Es gibt leider immer wieder Streit unter den Spielern. Nehmen wir folgendes Beispiel: Am Wochenende spielen die beiden verfeindeten Topteams aus Istanbul gegeneinander. Die Spieler von Galatasaray und Fenerbahçe bekämpfen sich dabei bis aufs Blut. Dabei treten und schimpfen sie, was das Zeug hält. Im Derby kommt es fast immer zu Handgreiflichkeiten. Jetzt stellen Sie sich vor, dass die Spieler dieser beiden Klubs zwei Drittel des Kaders der türkischen Nationalelf ausmachen. Drei Tage später sollen die gleichen Spieler in der Nationalmannschaft gemeinsam gewinnen. Das geht doch gar nicht? Genau. Unter diesen Umständen hat es die Nationalmannschaft besonders schwer, Siege einzufahren.

Es gibt Fälle von Grüppchenbildung. Spieler sind zerstritten, sie reden nicht miteinander. Manche sind sogar so erzürnt, dass sie den Teamkameraden im Spiel ignorieren. Kommunikation, Absprachen oder gegenseitiges Aufmuntern? Fehlanzeige. So kann das mit dem Erfolg nichts werden.

Ein Fußballspiel braucht immer eine Mannschaft, die zusammenspielt. Alleine kann kein Spieler ein Spiel gewinnen. Kein Maradona, kein Messi. Auch die Superstars können Zauberpässe nur spielen, wenn sich Mitspieler freilaufen. Oftmals schießen sie die entscheidenden Tore, aber dafür helfen ihnen die Kollegen, indem sie Freiräume schaffen. Jeder Spieler braucht die Hilfe der anderen. Das ist eine Selbstverständlichkeit. Fußball ist schon immer ein Mannschaftssport gewesen, doch in der

Türkei kommt diese Überzeugung nicht an. Es ist zum Verzweifeln.

Lösung: Wie kann man fehlenden Teamgeist in eine Mannschaft bekommen? Nicht wenige Fans behaupten, alle aktuellen Spieler müssten ausgewechselt werden. Es ist eigentlich so einfach: Man kann nur gemeinsam gewinnen. Die Mannschaft muss als Team auftreten und gemeinsame Werte pflegen. Dafür muss die Feindschaft unter den Klubs aufhören. Man kann sich sportlich messen, man muss sich aber nicht hassen. Das Trainerteam ist in der Pflicht, sich auf Teamspieler zu konzentrieren und Unruhestifter, trotz bester Leistungen, nicht mehr in die Mannschaft aufzunehmen. Leider protestieren dann die Medien (siehe Schwäche 23) und stören diese Entwicklung. In den vergangenen Jahren ist dank einer neuen Spielergeneration die Hoffnung aufgekommen, dass es professioneller und weniger streitlustig zugeht. Man kann nur hoffen.

Die Medien haben zu viel Macht

Schwäche 23 – Die Medien haben zu viel Macht

Will man als Außenstehender begreifen, welche Dimension der Fußball in der Türkei hat, dann muss man sich die türkischen Medien ansehen. In der Türkei wird den ganzen Tag über Fußball diskutiert, es wird analysiert, kritisiert und debattiert. Morgens in den Tageszeitungen, in den Sportblättern und dann den Rest des Tages bis spät in die Nacht im Fernsehen. Solch eine Dominanz in der türkischen Gesellschaft beeinflusst die Meinungsbildung, und damit wären wir schon beim Problem. Die Medien haben zu viel Macht und verstehen sie zu nutzen.

In den Redaktionen der Tageszeitungen und Fernsehsender sitzen hochkarätige Experten, denen man eine fachliche Einschätzung zutraut. Es sind häufig ehemals erfolgreiche türkische Spieler. Sie sind hoch angesehen. Die Menschen in der Türkei schätzen diese Fachleute und ihre Aussagen. Die Meinung über den türkischen Fußball wird nicht in den Stadien gebildet, sondern in den Expertenrunden und in den Kolumnen der Zeitungen. Alles, was dort diskutiert wird, gilt in der Türkei nicht als Denkanstoß, sondern als Gesetz. Die Fans übernehmen die Einschätzung der Experten. Auf diese Art und Weise können sich die Medien in die Vereinspolitik einmischen. Daran verzweifeln Trainer und Spieler.

Nicht jeder, der ein guter Fußballer war, muss auch ein guter Trainer sein. Und er muss auch kein guter Analyst sein. Dennoch hängt das ganze Land an den Lippen dieser Experten. Angebliche Fachleute gibt es in der Türkei wie Sand am Meer. Die Fernsehsender haben einen riesigen Pool an Experten für ihre Sendungen. Man will aus dem Mund dieser „Könner" den Fußball erklärt bekommen. Man will sich stundenlang mit diesen Menschen austauschen. Durch die Dauerberieselung glaubt man das, was die Leute sagen, und verbreitet es selbst weiter. Allein am Wochenende sind gefühlt alle Kanäle damit beschäftigt, jedes Spiel, jede strittige Aktion, jede Handlung des Schiedsrichters bis ins kleine Detail zu analysieren. Das ist zu viel.

Die Medien haben die Macht, ihren Daumen über Trainer und Spieler zu heben oder zu senken. Sie richten über Personen, obwohl die im Grunde nichts falsch gemacht haben, außer vielleicht eine schlechte Taktik gewählt zu haben. Nicht immer sind die Experten für das Wohl einer Mannschaft, besonders das der Nationalmannschaft, nützlich. Dadurch, dass die Medien sich zu sehr in die Arbeit der Klubs einmischen, blockieren sie die langfristige Entwicklung innerhalb einer Mannschaft. Sie fordern andauernd den sofortigen Erfolg. Bei den großen Teams muss es gleich der Titel sein. Bleibt das gewünschte Ergebnis aus, wird an den Stühlen der Trainer gesägt oder die neu erworbenen Spieler werden schlecht gemacht. Das geht in der Türkei besonders schnell.

Zudem beeinflussen die Medien die Stimmung unter den Fans unverhältnismäßig. Sie machen ihnen Hoffnung, lassen sie träumen, heizen die Stimmung an, wo es oftmals nichts anzufachen gibt. Wenn es im Hinspiel ein 1:1 gegen einen starken Gegner gab, sind die Medien vor dem Rückspiel völlig aus dem Häuschen. Sie machen die Mannschaft stärker, als sie ist, lassen die Fans an ein Weiterkommen glauben (obwohl die Chancen dafür 50:50 stehen), und vor allem lassen sie die Stärke des Gegners in Vergessenheit geraten. Zudem wird der Erfolgsdruck auf die eigene Mannschaft erhöht.

Lösung: Alle ehemaligen Spieler und heutigen Fachleute in Ehren, aber zu viel ist zu viel. Die Fans sollten sich vor Augen führen, warum diese Personen omnipräsent sind. Die Medien wollen Auflage und Zuschauerzahlen. Der türkische Fußball würde sich deutlich besser entwickeln, wenn die Medien sich nicht andauernd in den Spielbetrieb einmischen würden.

Darüber hinaus wäre es sinnvoll, wenn sich die Fans mehr eigene Gedanken machen würden. Sie sollten die medial geschürte Meinung nicht ungefiltert übernehmen. Sich von den Medien anstacheln und euphorisieren zu lassen, erhöht nur das Enttäuschungspotenzial. Würden mehr Menschen weniger auf die mediale Meinung geben, dann könnte man in der Türkei die Macht der Medien beschneiden.

Ausländische Trainer sollen es schaffen

Schwäche 24 – Ausländische Trainer sollen es schaffen

Wenn es die Türken selbst nicht hinbekommen, erfolgreich Fußball zu spielen, dann muss man das fehlende Wissen eben importieren. So denken der türkische Verband und die großen Klubs. Man verpflichtet Trainer aus dem Ausland, die die Türken zu neuer Spielweise erziehen sollen. Das Dumme ist nur: Sie haben die Rechnung ohne die Sturheit türkischer Kicker gemacht.

Ausländische Trainer geben sich in der Türkei die Klinke in die Hand. Denn anscheinend klappt auch das Einkaufen des Erfolgs von außen nicht. Meist wird der Trainer vorzeitig entlassen, und der nächste soll es dann richten. Was selten funktioniert.

Die meisten türkischen Spieler verstehen die ausländischen Trainer nur mithilfe eines Dolmetschers. Und was der Übersetzer weitergibt, ist nicht immer das, was der Trainer meint. Wenn man sich Interviews im türkischen Fernsehen ansieht, wird deutlich, dass die Nuancen, die Wut und die Sanftheit der Worte bei der Kommunikation durch einen Dolmetscher nicht rüberkommen. Und auf genau die kommt es in einer Beziehung zwischen Trainer und Team am meisten an.

Es ist nicht alles hoffnungslos, was ausländische Trainer lehren. Es gibt manche Ideen, wie der türkische Fußball verbessert werden kann. Aber eben nur wenige. Legendär ist die Tätigkeit des deutschen Trainers Jupp Derwall, der mit seinem Team auf einem „Kartoffelacker" zu spielen begann und sukzessive internationalen Standard in die Türkei brachte. Als Fan hofft man fortlaufend, dass jeder neue Trainer den Horizont des türkischen Fußballs erweitern kann.

Gleichzeitig gibt es in der Türkei keine Kultur für nationale Trainer. Man traut den eigenen Leuten nicht viel zu. Es fehlt an Wissen und Nachwuchs. Es gibt kaum jemanden, der besondere Taktiken erprobt, Motivationstechniken erlernt und sich mit fußballerischen Strategien in der Tiefe auseinandergesetzt hat. Die wenigen türkischen Trainer, die es gibt, werden nicht für voll genommen. Sie ziehen den Kürzeren, wenn der Verein sich einen ausländischen Trainer leisten kann.

Besonders an der Leistung der Nationalelf kann man sehen, wie häufig ausländische Trainer kommen und gehen. Doch auch das hilft nicht. Die Türken wollen einfach nichts Neues aufnehmen. Sie sind, wie sie sind. Sie spielen den Fußball, den sie immer spielen. Fans außerhalb der Türkei fällt diese Sturheit der Spieler deutlicher auf als den Fans im eigenen Land.

Lösung: Die Türkei muss die Rolle des Trainers neu definieren. Sie ist wichtig und nicht nur Beiwerk. Trainer müssen Zeit bekommen, eine Mannschaft zu formen. Sie brauchen finanzielle Mittel, um Schwachstellen mit neuen Spielern auszufüllen. Trainer müssen vom Fach sein und keine ehemaligen Spieler, die einfach auf den Trainerstuhl rutschen. Es braucht ein Umdenken in der Türkei. Den türkischen Trainern muss man mehr zutrauen. Wenn ihnen Wissen fehlt, dann muss man ihnen den Zugang zu diesem Wissen ermöglichen. Gute türkische Trainer sollten gefördert werden. Ansonsten kommen und gehen die ausländischen Trainer, die viel Geld kosten, und alles bleibt, wie es ist.

Zusammenfassung: Die Türkei ist selbst schuld

In der bunten Welt des Fußballs ist die Türkei an ihrem farblosen Dasein selbst schuld. Sie schafft es bisher nicht, ihren Möglichkeiten entsprechend konstant gute Leistungen zu erbringen. Die Türkei könnte besser spielen, wenn sie sich mehr anstrengen würde. Vor allem aber, wenn sie die in diesem Buch genannten Schwächen abstellen würde.

Das Wichtigste ist: Die Türkei muss die Fehler bei sich selbst suchen. Es muss Schluss damit sein, dass die Spieler mit dem Finger auf Mitspieler und Trainer zeigen und der Trainer wiederum mit den Schultern zuckt und auf den vorhandenen Kader zeigt. Außerdem sollten die Anschuldigungen gegen Unparteiische ein Ende haben. Den Schiedsrichter trifft keine Schuld.

Immer wieder erweckt die Türkei das Gefühl, eine böse Macht wäre über das Land und über den türkischen Fußball gekommen. Die Mannschaft, der Verein, der Verband, niemand könne etwas dafür, dass es mit den Siegen nicht klappt. Schnell ist man sich im Land einig, dass unglückliche Umstände die türkische Nationalmannschaft zu einer Niederlage geführt haben. Dass das nicht der Realität entspricht, ist natürlich logisch. Doch um von eigenen Unzulänglichkeiten abzulenken, ist jedes Mittel recht.

Die Türkei macht einfach nicht genug aus ihren Möglichkeiten. Sie kann besser Fußball spielen. Aber: Sie muss das wollen und hart an sich arbeiten. So, wie sie sich seit Jahrzehnten abmüht, kann sich die Mannschaft nicht verbessern, denn es fehlt der Mut, die Dinge wirklich zu ändern. Der türkische Fußball muss sich neu erfinden.

Ein Wort zu den türkischen Fans

Die türkischen Fans sind das Beste, was dem türkischen Fußball passieren kann. Sie stehen immer hinter ihrer Mannschaft. Das kann man bei den vielen Pleiten, die das Nationalteam kassiert, kaum glauben. Manchmal fragt man sich, warum überhaupt noch irgendjemand zu einem Spiel einer türkischen Elf geht. Das Ergebnis steht doch meist schon im Vorfeld fest.

Überall auf der Welt sind türkische Bürger bereit, bei Regen, eisiger Kälte oder bei Hitze viele Kilometer Weg aufzunehmen, nur um bei ihrer Mannschaft zu sein und sie zu unterstützen. Man nimmt ein altes Trikot oder malt sich selbst eins, findet vielleicht auch noch eine Fahne auf dem Schrank, und los geht's ins Stadion. Fußballbegeisterte Menschen nehmen sich für die Unterstützung ihrer Elf Urlaub, der eh schon knapp ist. Sie stürzen sich in Unkosten für Tickets, Benzin und Übernachtung. Die Hauptsache ist, sie können ihre Mannschaft anfeuern. Wissen Trainer und Spieler überhaupt, wie toll ihre Fans sind?

Ich habe Zweifel. Würden sie sich ihrer treuen Anhänger wirklich bewusst sein, dann würden sie sich die Seele aus dem Leib rennen, sie würden sich nicht aufgeben, sie würden alles für ihre Fans tun, so wie es auch umgekehrt der Fall ist.

Überall auf der Welt gibt es Fußballfans, deren Herz aufgeht, wenn eine türkische Mannschaft in ihre Nähe kommt. Sie wollen ein Team sehen, das sein Bestes gibt. Für die Fans bedeutet das: Kämpfen bis zum Umfallen, Kämpfen bis zur letzten Minute. Wenn eine Mannschaft trotz herausragender Leistung verliert, ist das kein Problem. Was zählt, ist, die Leidenschaft zu spüren, mit der ihre Mannschaft spielt. Nur selten wird diese Hoffnung erfüllt.

Dennoch geben die Fans nie auf und hoffen mit jedem neuen Spiel, mit jeder neuen Qualifikationsrunde auf die Wende zum Besseren. Nur leider bleibt die aus. Die leidenschaftlichen Fans haben eine bessere türkische Mannschaft verdient.

Schlusswort

Für einen Fan des türkischen Fußballs waren die vorherigen Seiten keine leichte Kost. Statt etwas über die Schwächen seiner Mannschaft zu erfahren, hätte er vermutlich viel lieber etwas über die Stärken gelesen. Aber man darf die Augen nicht vor den offensichtlichen Defiziten verschließen.

Wer weiß, worin die großen Schwächen der türkischen Nationalmannschaft liegen, der kann sie auch abstellen. Auffallend ist das Fehlen eines taktischen Systems, das auf die Türkei und ihre Spieler zugeschnitten ist. Bisher läuft es meist so, dass man verliert, in der Folge verängstigt ist und dadurch noch vorsichtiger spielt. Dieser Teufelskreis muss durchbrochen werden, indem man Niederlagen erlaubt und dennoch weiter an der „eigenen" Spielweise arbeitet. So lange, bis sie sitzt. Erst dann wäre die Türkei in der Lage, dem Gegner das eigene Spiel aufzudrücken.

Bei den türkischen Spielern muss sich auch viel im Kopf verändern. Die grundsätzliche Haltung zu Siegen und Niederlagen muss ebenso überdacht werden wie das Verhältnis zu Mitspielern, Schiedsrichtern und Trainern. Die mentale Einstellung, mit der man auf den Platz geht, ist ein wesentlicher Faktor für den Erfolg.

Und noch etwas Grundsätzliches für all diejenigen, die sofort eine ganz neue Türkei erwarten: Jedes Team kann zunächst einmal nur mit den Spielern auskommen, die es zur Verfügung hat. Das bedeutet, dass die Türkei nicht über Nacht zum Topteam werden kann. Das soll sie auch nicht. Sie sollte sich aber hinterfragen und ihren Möglichkeiten entsprechend spielen. Eine konstante Verbesserung soll das Ziel sein.

Die Türkei ist ein fußballverliebtes Land, aber die Einstellung gegenüber dem Fußball und der Nationalmannschaft ist in erster Linie von Hoffnung geprägt. Man hofft auf eine Leistungsverbesserung, auf bessere Spieler, auf bessere Trainer, auf bessere Zeiten. Dabei wird ignoriert, dass man schon viel zu lange wartet. Mit dem Warten und dem Hoffen muss jetzt Schluss sein. Auch mit der endlosen Schönfärberei. Es muss sich jetzt etwas ändern, im türkischen Fußball und in den Köpfen der Menschen. Ansonsten bleibt der türkische Fußball, was er ist. Mittelmäßig und eben nicht gut genug.

Die Webseite zum Buch:

www.nicht-gut-genug-buch.de

Zeitfracht Medien GmbH
Ferdinand-Jühlke-Straße 7
99095 Erfurt, Deutschland
produktsicherheit@kolibri360.de